히어로 액션 코딩 학습 만화

다산어린이

초판 1쇄 인쇄 2019년 11월 30일
초판 1쇄 발행 2019년 12월 23일

글 이준범	**경영총괄** 김은영	**출판등록** 2013년 11월 1일 제406-2013-000112호
그림 김기수	**콘텐츠개발본부장** 채정은	**주소** 경기도 파주시 회동길 357 2층
감수 이정	**콘텐츠개발1팀** 최은영 전희선 김민지 인우리	**전화** 02-703-1723 **팩스** 070-8233-1727
추천 한국공학한림원	안성모 이혜원 남정임 이정아	**종이** 월드페이퍼 **인쇄** 민언프린텍 **제본** 정문바인텍
	마케팅본부장 도건홍	
펴낸이 김선식	**마케팅팀** 오하나 안현재	**정보글** 오원석
펴낸곳 (주)스튜디오다산	**채널홍보팀** 안지혜 정다은	**외주 디자인** 최지연
	영업본부장 오선희	
책임편집 김민지	**영업팀** 이선희 조지영 강민재	
디자인 이정아	**경영관리본부** 허대우 하미선 박상민	
	김민아 최완규	

ISBN 979-11-5639-822-6 77550

* 책값은 뒤표지에 있습니다.
* 파본은 본사와 구입하신 서점에서 교환해 드립니다.
* 이 책은 저작권법에 의하여 보호를 받는 저작물이므로 무단 전재와 복제를 금합니다.
* 이 시리즈는 산업통상자원부의 지원을 받아 NAEK 한국공학한림원과 ㈜스튜디오다산이 발간합니다.

품명: 도서	**제조자명**: (주)스튜디오다산	**제조국명**: 대한민국	**전화번호**: 02-703-1723		
주소: 경기도 파주시 회동길 357 2층		**제조년월**: 2019년 12월	**사용연령**: 8세 이상		

※ KC마크는 이 제품이 공통안전기준에 적합하였음을 의미합니다.

히어로 액션 코딩 학습 만화

08 업그레이드

글 이준범 | 그림 김기수
감수 이정 | 추천 한국공학한림원

만화만 보면, 코딩이 술술 풀린다!

- ▶ 코딩 학습에 필수 불가결한 세계관 창조!
- ▶ 만화에 녹아든 학습 내용은 영상(QR 코드)으로 확인!
- ▶ 한국공학한림원이 추천한 도서!
- ▶ 실전 연습이 가능한 '엔트리 실행 카드' 여섯 장 수록!

본문 만화
흥미로운 만화에 녹아든 학습 내용

만화 속 개념
개념으로 정리, 사고를 확장

워크북
다양한 코딩 문제 풀기

실행 카드
실전 연습이 가능한 실행 카드 여섯 장

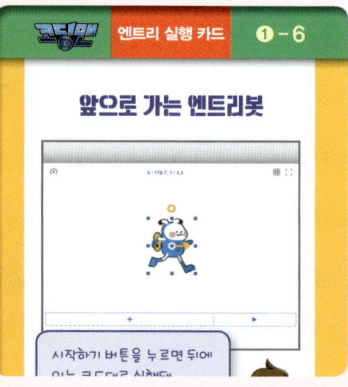

이렇게 중요한 코딩이 재미있습니다!

스티브 잡스 (애플 창업자)
"이 나라 모든 사람은 코딩을 배워야 합니다. 코딩은 생각하는 방법을 가르쳐 줍니다."

버락 오바마 (미국 전 대통령)
"비디오 게임을 사지만 말고 직접 만드세요. 휴대폰을 갖고 놀지만 말고 프로그램을 만드세요."

팀 쿡 (애플 대표)
"외국어보다 코딩을 먼저 배워라. 코딩은 전 세계 70억 인구와 대화할 수 있는 글로벌 언어이기 때문이다."

추천 합니다

이정 (서울 대광 초등학교 교사)
'4차 산업 혁명'이라 일컫는 지금 이 시대를 살아가는 인류라면 코딩에 대해 정확하게 알 필요가 있고, 흥미를 붙여야 할 것입니다. 《코딩맨》시리즈는 초등학생들이 가지고 있는 코딩에 대한 막연한 생각을 흥미롭게 풀어낸 책이라고 생각합니다. 학생들은 주인공 유강민을 통하여 코딩에 대해 친숙함을 느낄 것이고, 만화와 연계된 적지 않은 개념이 학습에 큰 효과를 줄 것으로 기대합니다.

권오경 (한국공학한림원 회장)
한국공학한림원은 기술 발전에 현저한 공을 세운 공학 기술인을 발굴하고, 그와 관련된 학술 연구와 지원 사업을 위하여 설립된 특수 법인 단체입니다. 바야흐로 인공 지능 시대입니다. 전 세계적으로 코딩 교육 열풍이 일고, 우리나라도 교과 과정에 소프트웨어와 코딩이 포함되면서 그에 대한 관심이 폭증하고 있습니다. 《코딩맨》시리즈는 코딩 교육의 시작점에 함께 서 있다고 볼 수 있습니다. 또한 이 책은 컴퓨터 지식과 코딩, 엔트리가 재미있는 스토리에 녹아든 최초의 학습 만화이기 때문에, 코딩에 흥미를 느끼지 못한 학생이라도 '코딩이 어떤 것인지 알고 싶다'라는 생각이 절로 들 것이라 생각합니다.

엔트리 소개

4차 산업 혁명 시대, 코딩 교육은 선택이 아닌 필수!

4차 산업 혁명 시대 오늘날, 정보 통신 기술과 인공 지능, 로봇, 빅 데이터 등의 기술이 융합되며 신기술과 산업이 개발되고 있습니다. 이에 맞는 인재 양성을 위해 많은 나라에서 코딩 교육을 시작하였습니다. 코딩 교육은 창의적인 아이디어를 키우고, 아이디어를 현실화할 수 있도록 논리적이며, 체계적으로 표현하는 방법을 익히는 교육입니다.

초·중·고 코딩 교육 의무화!

초등 교과에 코딩 교육이 의무화되며 코딩 교육은 선택이 아닌 필수인 시대가 되었습니다. 블록형 프로그래밍 언어인 '엔트리'는 우리나라에서 개발하였으며, 초등학교부터 대학교까지 많은 교육 기관에서 컴퓨팅 사고력을 키우는 도구로 활용되고 있습니다. 엔트리는 한글 구문에 맞춰 만들어졌기 때문에 글을 쓰듯이 블록을 이어 코딩할 수 있습니다.

ㄴ + ㅏ = 나

'ㄴ' 과 'ㅏ'가 만나 '나'가 되는 것처럼 블록을 조립하기만 하면 아주 다양한 결과를 볼 수 있습니다.
블록들로는 시작, 흐름, 움직임, 생김새, 붓, 소리, 판단, 계산, 자료 등이 있지요.
블록들을 연결함으로써 내가 만든 캐릭터가 말하고, 움직이는 것을
확인할 수 있는 재미도 있습니다.

▶ 스크래치와 엔트리

블록형 프로그래밍 언어에는 미국에서 개발한, 엔트리와 가장 닮은 성격의 '스크래치'가 있습니다. 그렇다면 스크래치와 엔트리의 차이점에 대해 알아볼까요?

스크래치		엔트리	
동작	시계 방향 회전과 반시계 방향 회전으로 나뉘어 있어요.	움직임	양수를 입력하면 시계 방향으로, 음수를 입력하면 반시계 방향으로 회전해요.
연산	엔트리보다는 명령 블록이 적지만, 그래도 여러 개의 명령 블록을 이어 만들 수 있어요.	계산	스크래치보다 명령 블록이 더 많아 적은 명령 블록을 사용하면 돼요.
형태	색깔 효과, 어안 렌즈, 소용돌이, 픽셀화, 모자이크, 밝기, 투명도의 효과를 줄 수 있어요.	생김새	색깔, 밝기, 투명도 효과만 줄 수 있어요. 또한 상하 또는 좌우로 뒤집을 수 있어요.
소리	소리를 편집할 수 있어요.	소리	소리 편집은 조금 기다리면 지원 될 거예요.

코딩 교육 의무화에 맞춘 엔트리 학습의 시작!
코딩맨과 함께 그 첫걸음을 나아가세요!

등장 인물

코딩맨(유강민)
어느 날부터 특별한 코딩 능력을 얻은 주인공. 인간 세계를 지키기 위해 디버킹과 새로운 작전을 실행한다.

주예린
주인공 유강민의 단짝 친구. 버그에게 감염당해 상급버그가 되지만, 코딩맨의 도움으로 인간의 모습을 되찾는다.

레이카
디버킹의 특수 요원. 코딩맨의 발전을 묵묵하게 지켜보는 인물로 버그킹덤에서 팀을 이끌며 멋진 활약을 펼친다.

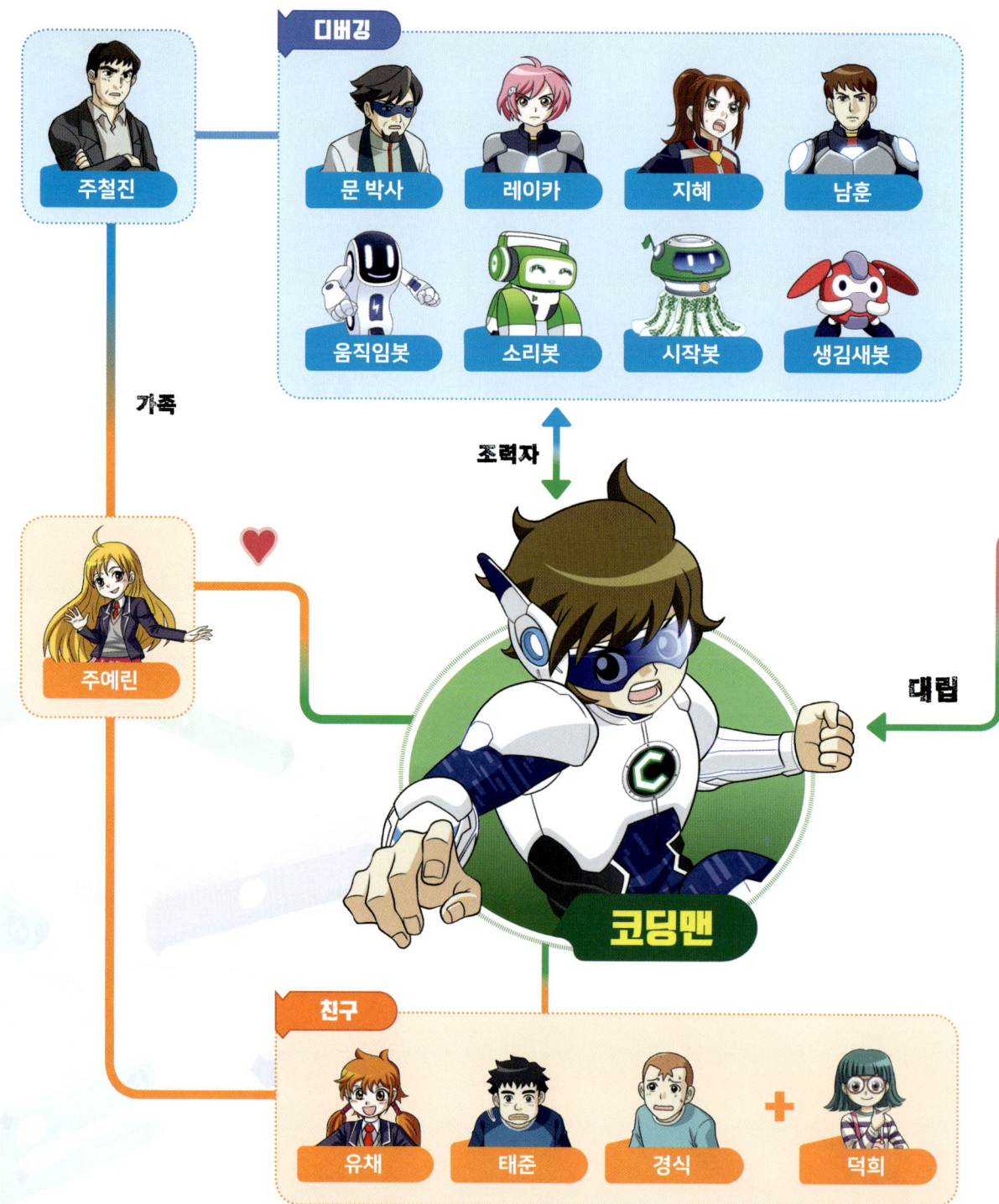

대립 구도

코딩맨 — 우연히 코딩력을 갖게 된 초등학생 유강민. 인간 세계를 위해 진정한 히어로가 된다.

조력자 ↔

디버깅 — 버그킹덤을 없애기 위해 탄생한 비밀 조직 단체. 버그킹덤이 인간 세계를 침략하자 정체를 드러냈다.

대립 ↔

버그킹덤 — 버그킹이 세운 코딩 세계. 인간 세계를 집어삼키려는 야욕의 집단이다. 버그킹덤은 모든 사고와 시스템이 코딩으로 움직인다.

대립 ↔

엑스버그

부하 ← **버그킹**

부하 ↓

상급버그
- 흐름버그
- 움직임버그
- 생김새버그
- 소리버그
- 시작버그
- 변수버그
- 계산버그
- 판단버그

부하 → **졸개버그** — 부하 → **픽셀버그**

엔트리봇 VS 엔트리버그

움직임버그의 껍질로 만든 디버깅의 인공 지능 로봇. 코딩맨과 정신 연령이 같아 자주 싸우지만 누구보다 코딩맨을 믿고 의지한다.

움직임봇

소리버그의 껍질로 만든 인공 지능 로봇. 사람이 느낄 수 없는 음파와 진동까지 감지할 수 있다.

 **소리봇**

시작버그의 강력한 픽셀 공격을 접목하여 만들어진 로봇으로 몸이 픽셀화되어 있다.

시작봇

생김새 블록의 특성을 살려 크기나 색상을 바꿀 수 있는 로봇으로 고무 소재로 만들었다.

 **생김새봇**

흐름 블록 꾸러미에 있는 명령 블록에 특화된 상급버그. 버그킹덤의 두 번째 상급버그로 엑스버그의 명령을 수행하기 위해 인간 세계로 간다.

움직임 블록 꾸러미에 있는 명령 블록에 특화된 상급버그. 버그킹덤이 만든 최초의 상급버그다. 오브젝트를 회전시키거나 원하는 위치로 이동할 수 있다.

생김새 블록 꾸러미에 있는 명령 블록에 특화된 상급버그. 오브젝트의 생김새를 바꿀 수 있다.

소리 블록 꾸러미에 있는 명령 블록에 특화된 상급버그. 오브젝트의 소리를 바꿀 수 있다.

시작 블록 꾸러미에 있는 명령 블록에 특화된 상급버그. 몸을 자유자재로 바꿔 공격력을 강화시켰다.

변수 블록 꾸러미에 있는 명령 블록에 특화된 상급버그. 공중을 자유롭게 날며 적을 공격한다.

계산 블록 꾸러미에 있는 명령 블록에 특화된 상급버그. 가슴에서 강한 버그력을 내뿜는다.

판단 블록 꾸러미에 있는 명령 블록에 특화된 상급버그. 무엇이든지 몸에 닿으면 물체의 형태를 바꿀 수 있다.

차례

① 슈트 업그레이드 ······ 17

② 흐름버그의 비밀 ······ 45

③ 사실과 마주하다 ······ 75

4 버그킹의 음모 ······ 105

5 모든 준비를 마쳤어! ······ 135

만화 속 개념 ······ 172   코딩맨 워크북 ······ 176

정답과 해설 ······ 180

이 책에 자주 등장하는 단어

#코딩 #버그 #디버깅 #사이보그 #무선 통신 #블루투스
#미래의 교통수단 #인공 지능 #포털 #분해 #변수 #계산
#엔트리 #오브젝트 #무대(배경) #흐름 블록 #생김새 블록
#소리 블록 #판단 블록 #시작 블록 #나만의 블록

지난 이야기

어느 날,
평범한 초등학생 유강민에게 보이는 프로그래밍 언어.
강민은 버그에게 납치당한 예린을 구하기 위해
코딩맨이 되어 활약하지만,
뜻하지 않은 사고로 인공 지능 스마일을 잃게 된다.
그 기세를 몰아 상급버그에게
디버깅을 공격하라고 지시하는 버그킹덤.

같은 시각, 엑스버그는 디버깅을 궁지에 몰 수 있는
또 다른 계략을 꾸미는데…….

슈트 업그레이드

"싸움은 지금부터라고."
우리의 히어로 코딩맨이 드디어 모습을 드러냈다!

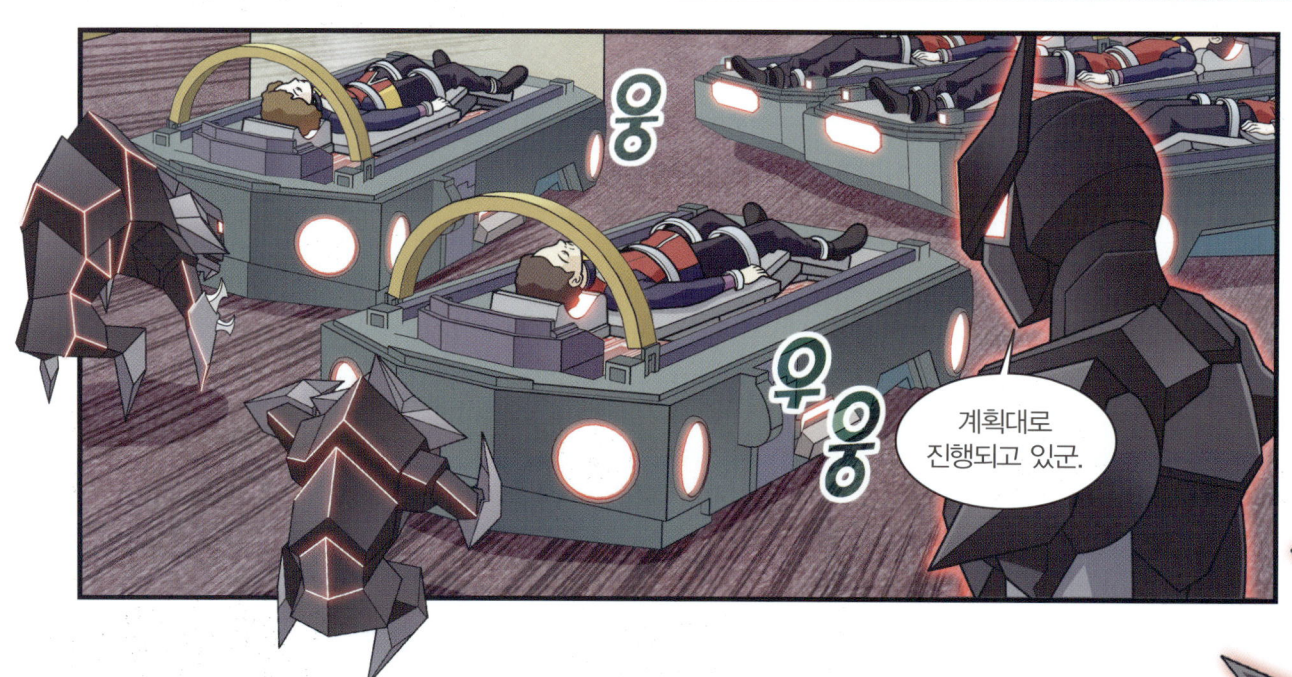

▲ 피아노 연주하기

* 위력: 상대를 압도할 만큼 강력한 힘

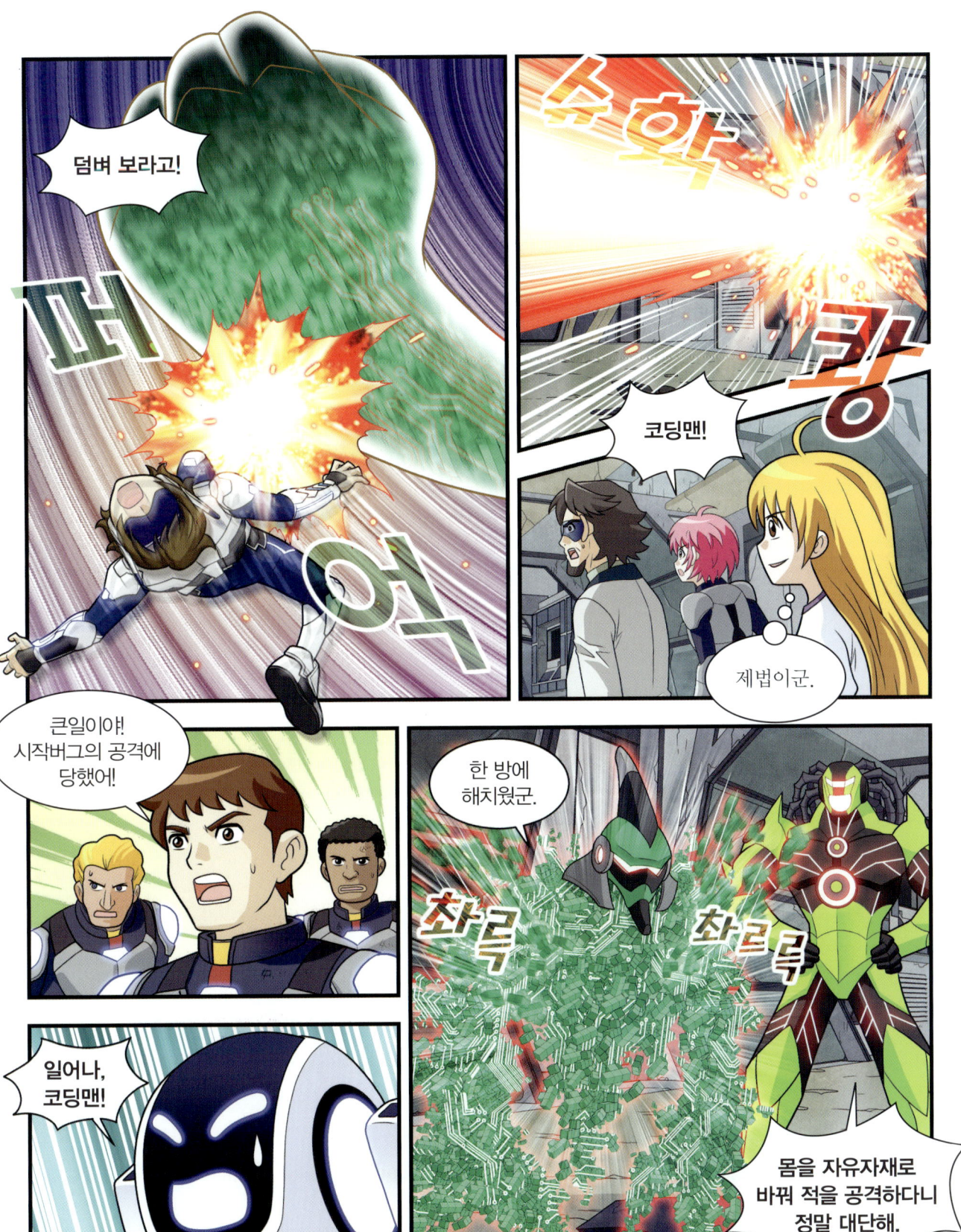

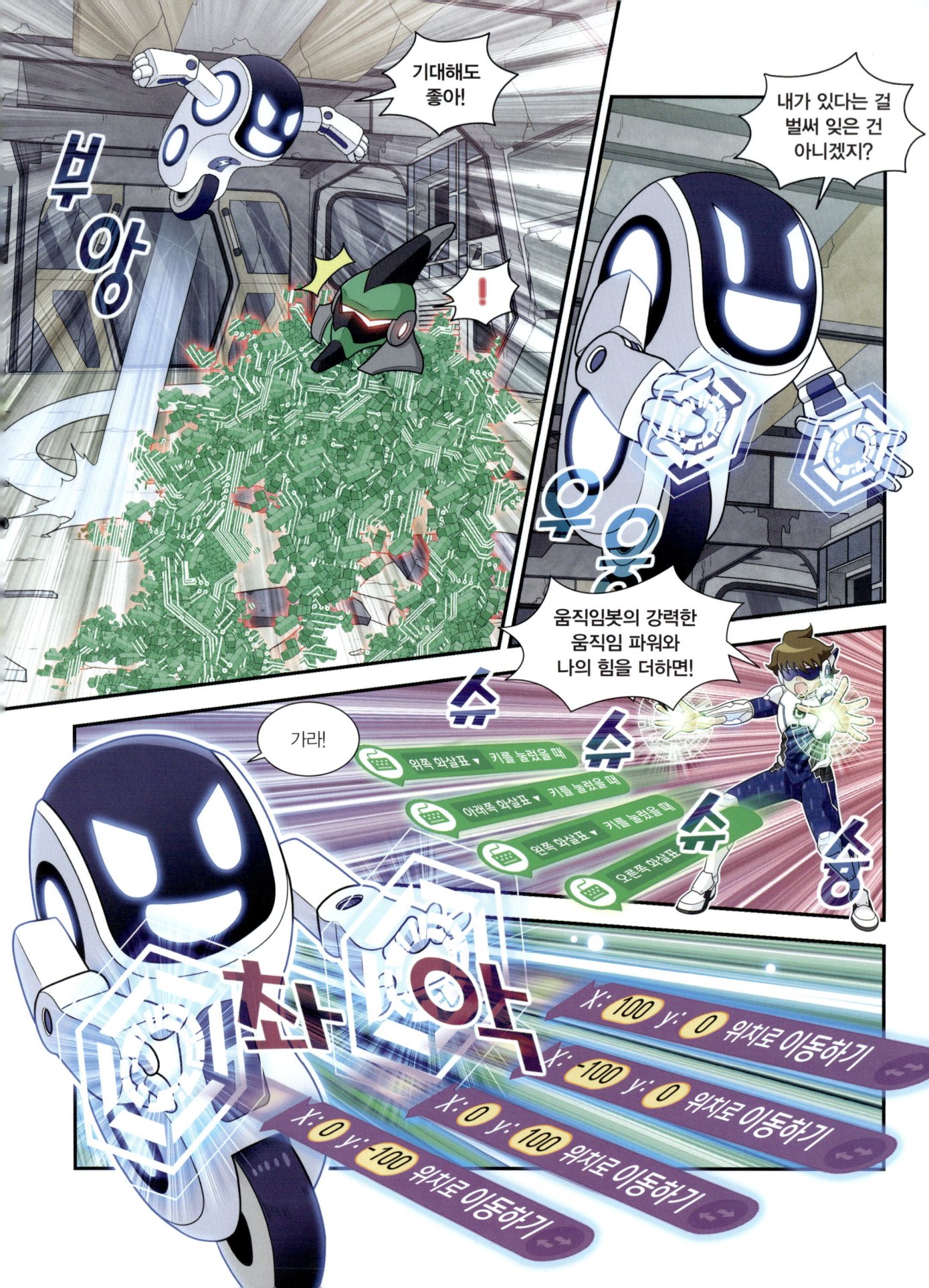

흐름버그!

어서 와라.

아직도 멀었군. 이런 뻔한 수법에 넘어가다니.

크윽!

흐름버그의 비밀

코딩맨에게만 보이는 흐름버그의 코드!
코드가 의미하는 것은 무엇일까?

* 신무기: 새로운 무기

갑자기 안 보였던
코드가 보여!
오브젝트를 클릭했을 때
효과 모두 지우기
예린이를 공격해라! ▾ 신호보내기
크아아
예린이를
공격하라고?
역시 저 코드는
나한테만
보이는 거야.
휙
내가 블록을
볼 수 있다는 걸 아는
사람이라면!

흐름버그 껍질 안에 있는 예린이가 보여!

예린이를 공격해라! ▼ 신호를 받았을 때
만일 코딩력 ▼ 에 닿았는가? 이라면
주예린 ▼ 모양으로 바꾸기

강민아, 예린이를 공격해라!

웅 웅 웅

▲닿으면 멈추기

아저씨!

저 코드는 아저씨가 예린이를 구하라고 만들어 놓은 거야!

그래, 덤벼라!

가자, 예린이를 구하러!

돌아와, 예린아!

③ 사실과 마주하다

"제가 흐름버그라니요?"
원래의 모습을 되찾은 예린.
그러나 그녀가 마주하는 현실은
감당할 수 없을 만큼 괴롭기만 하다.

다행히 공격은 막아 냈지만 이로 인해 디버깅은 매우 심각한 피해를 본 것으로 밝혀졌습니다.

이번 버그의 침략을 막아 내는 데는 코딩맨의 도움이 있었던 것으로 알려졌습니다.

코딩맨이 디버깅을 도왔대.

역시 코딩맨이야!

사실과 마주하다 **77**

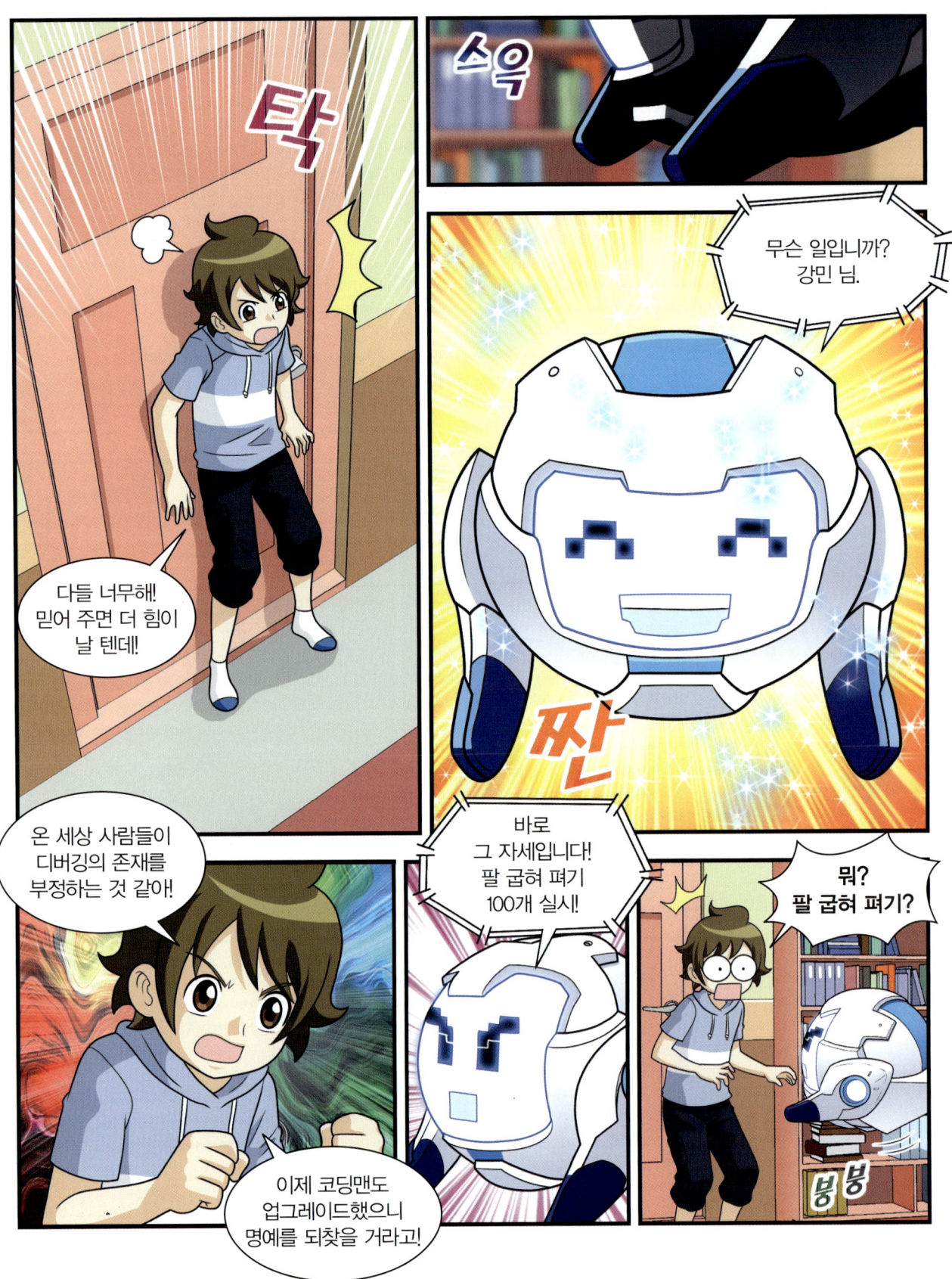

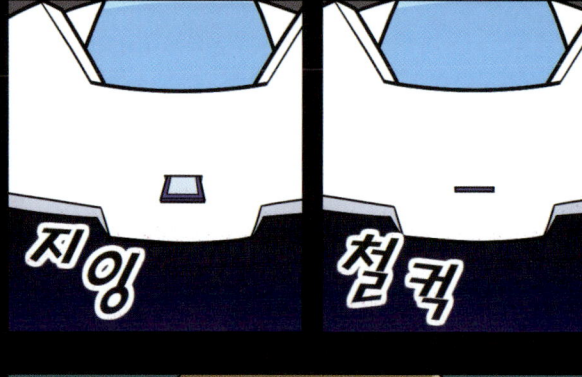

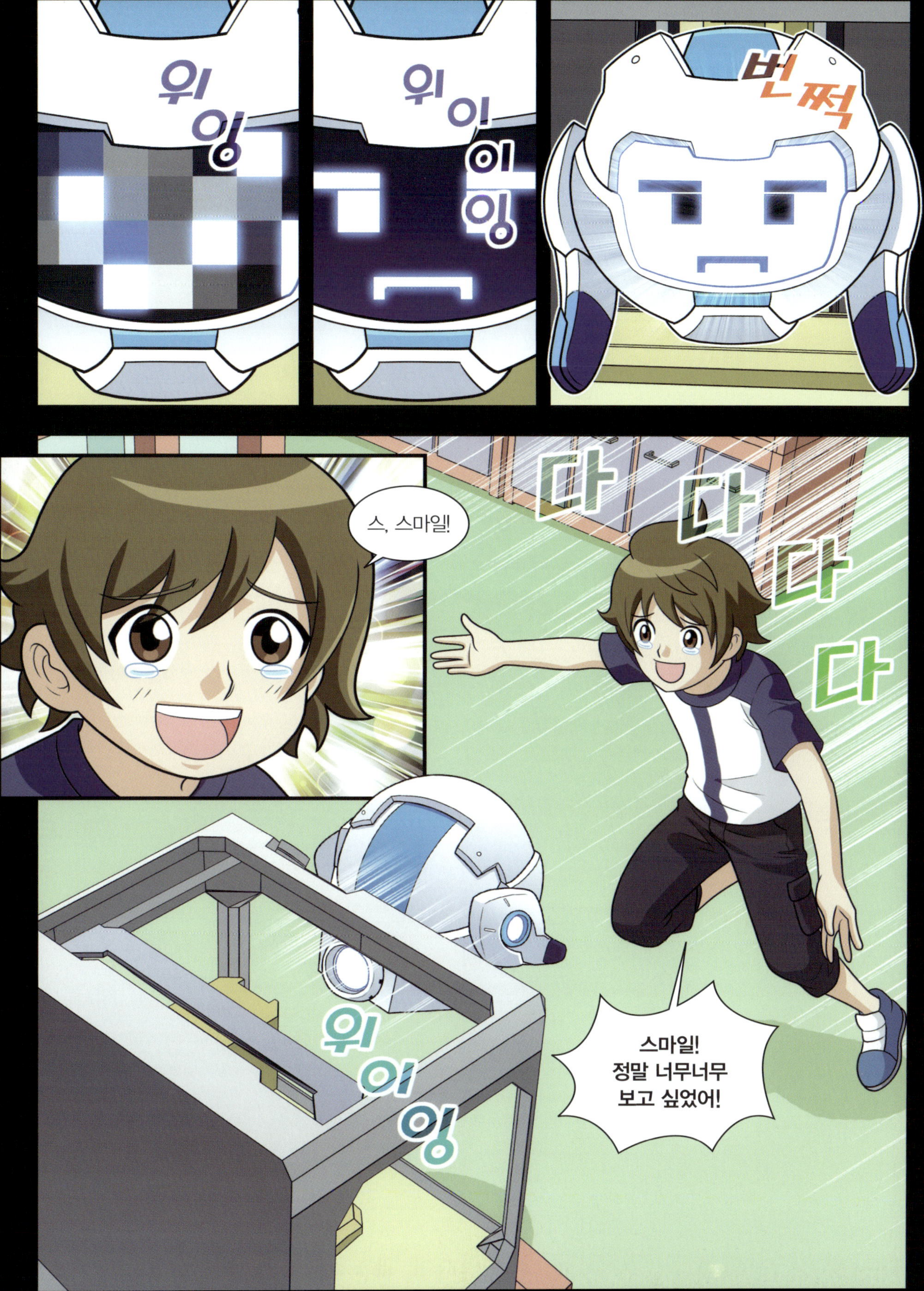

위잉

위이이잉

번쩍

다 다 다

스, 스마일!

위이잉

스마일! 정말 너무너무 보고 싶었어!

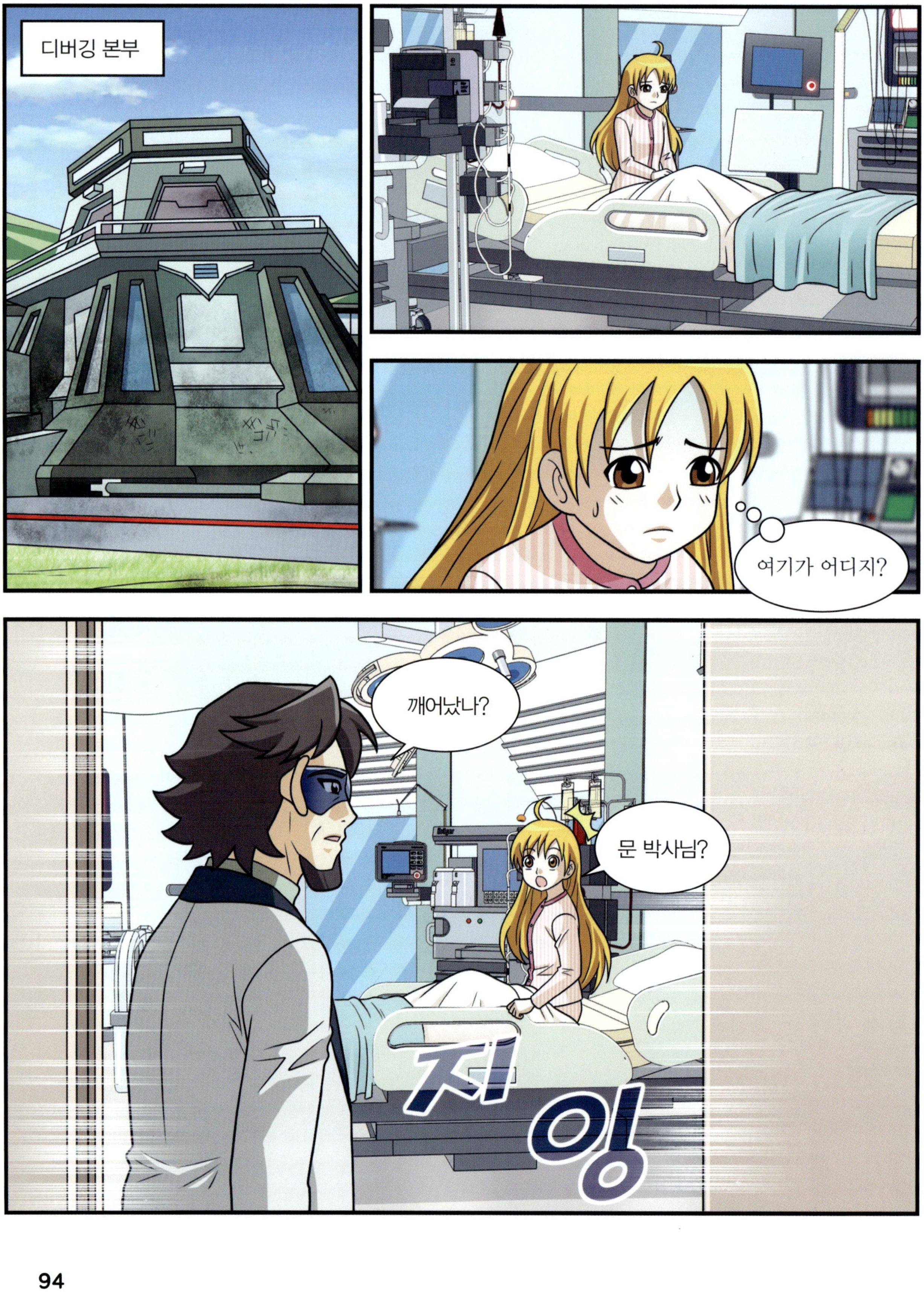

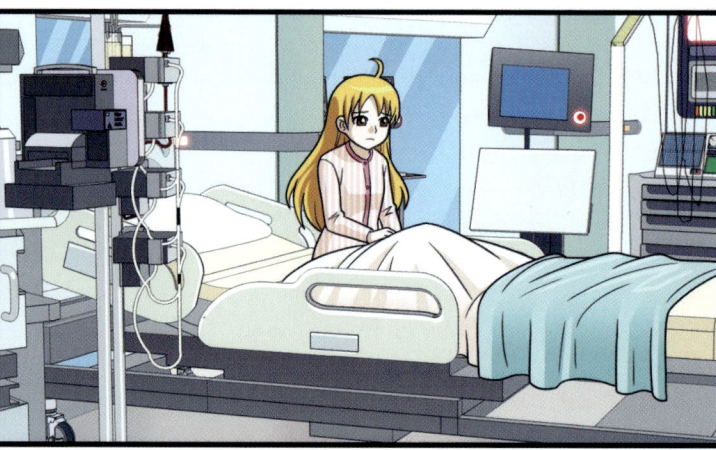

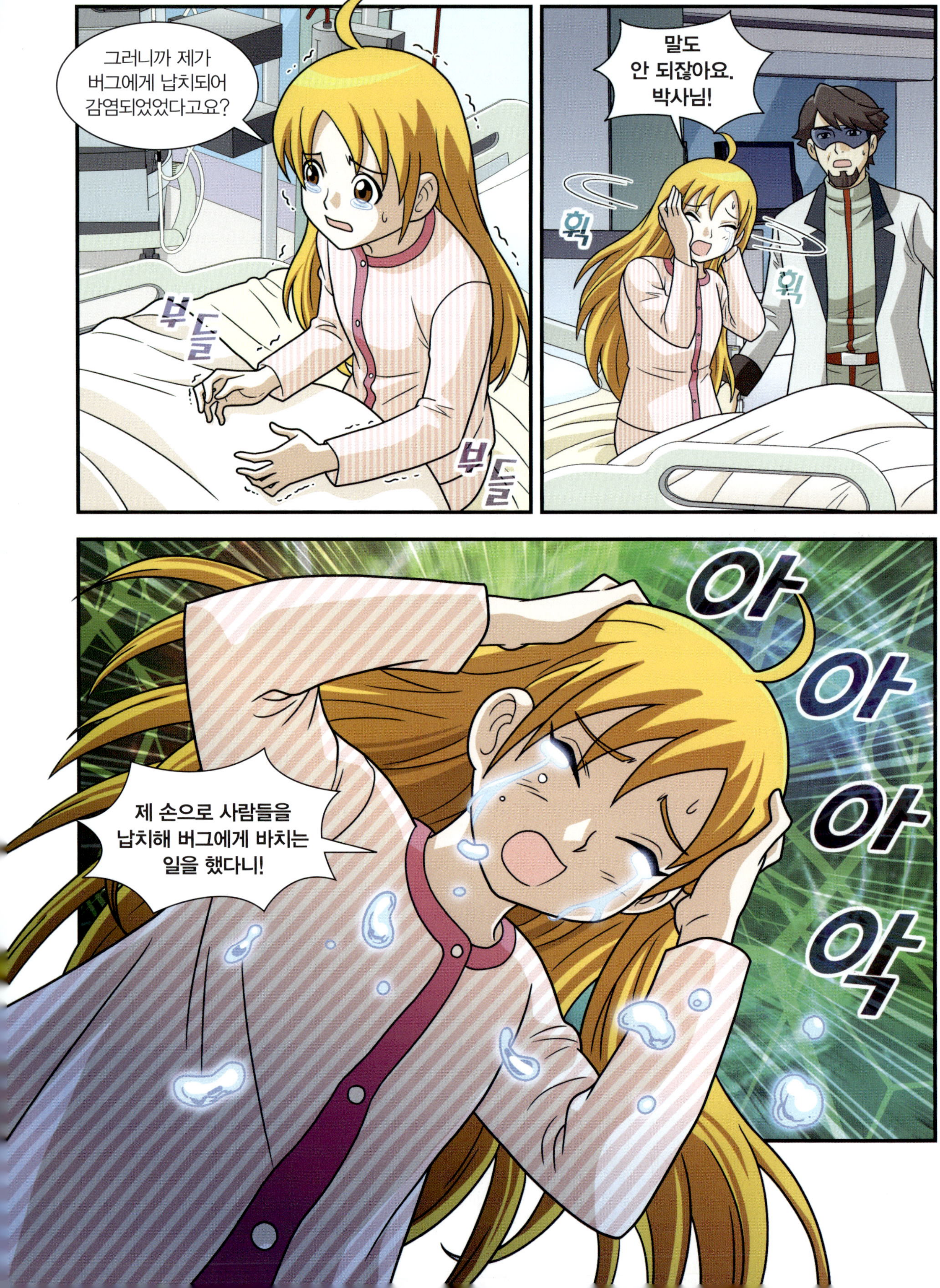

그리고 현재 디버깅 대강당에는 이렇게 차원 이동을 했던 흔적만 남아 있죠.

그리고 우리는 이 흔적을 통해 엑스버그가 어떤 방식으로 차원의 문을 만들었는지 알아냈고요.

사실과 마주하다 101

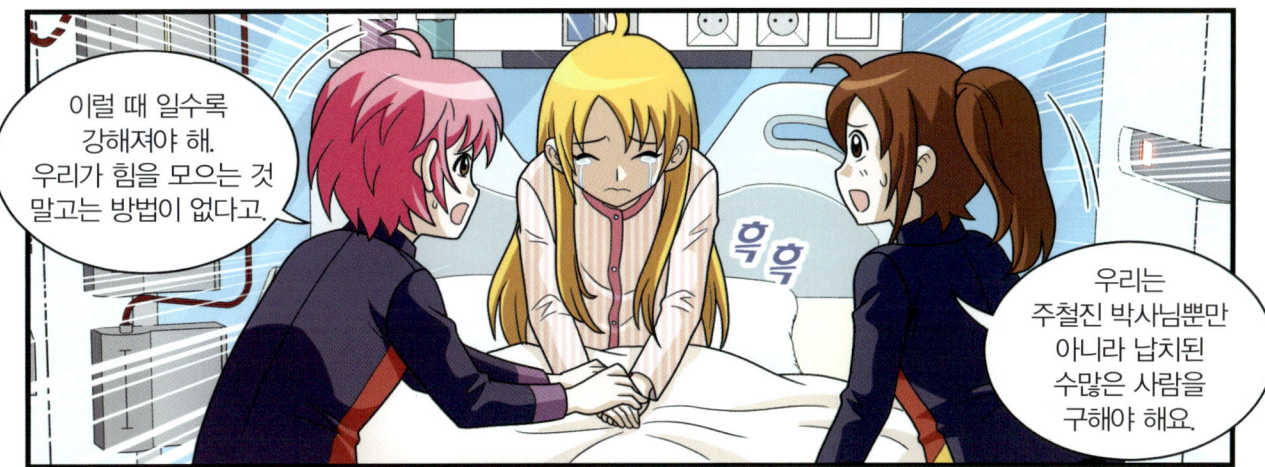

버그킹의 음모

디버깅 요원의 납치뿐만 아니라
버그킹덤의 새로운 방까지 탄생시킨 엑스버그.
버그킹덤은 시간이 갈수록 발전하기만 하는데…….

버그킹덤의 지하 세계(A구역).
퀴즈 첫 단계에서 탈락한 사람들이 모인 곳으로
코딩 지식이 없어 육체 노동을 한다.
캉
캉
드드드
인간들이여, 땅속에 묻혀 있는 전기 회로를 찾아라!
캉
캉
퀴즈에서 떨어지면 가만히 있을 줄 알았는데. 쉬지 않고 움직이니 너무 힘들어.
드드드
캉

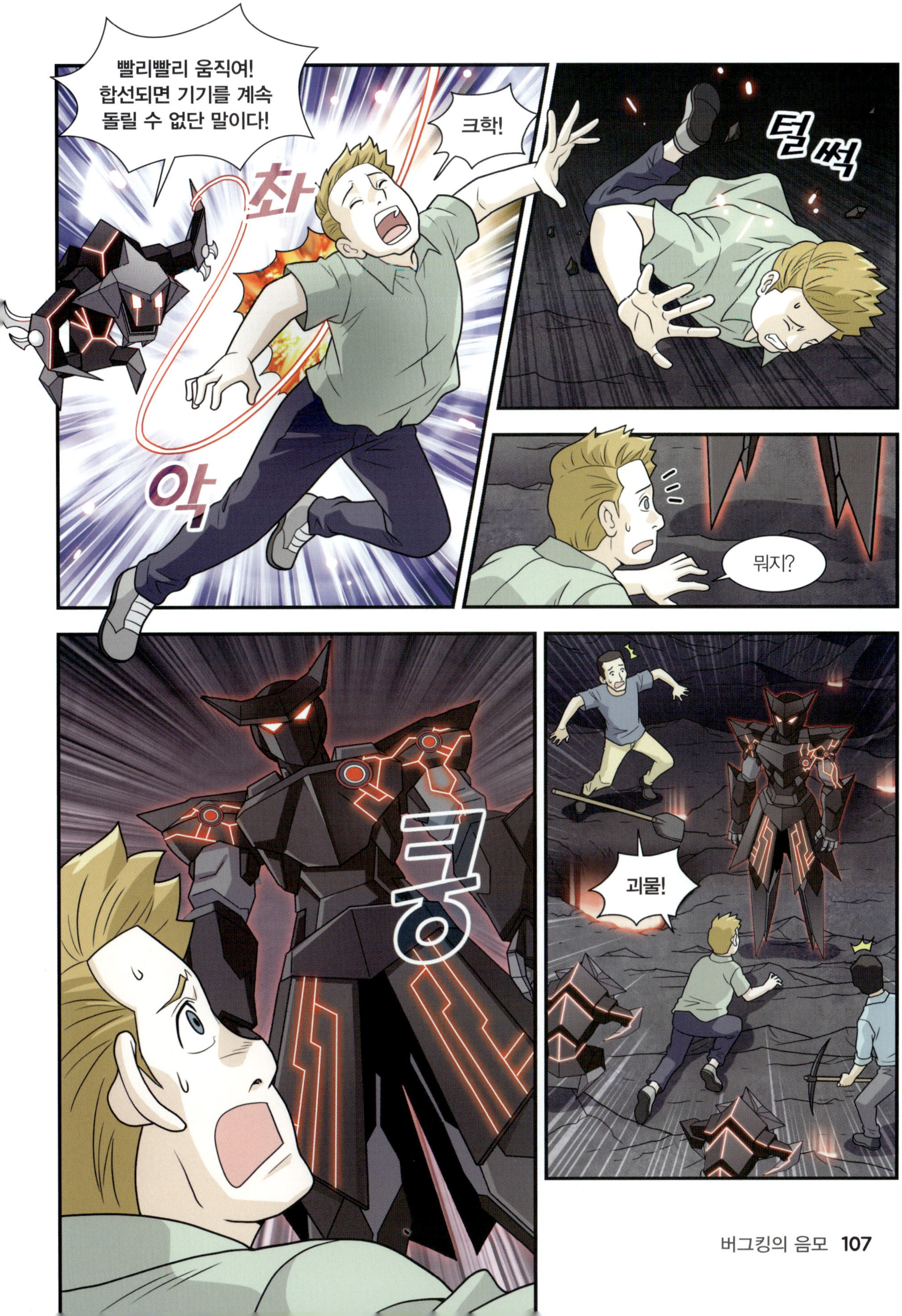

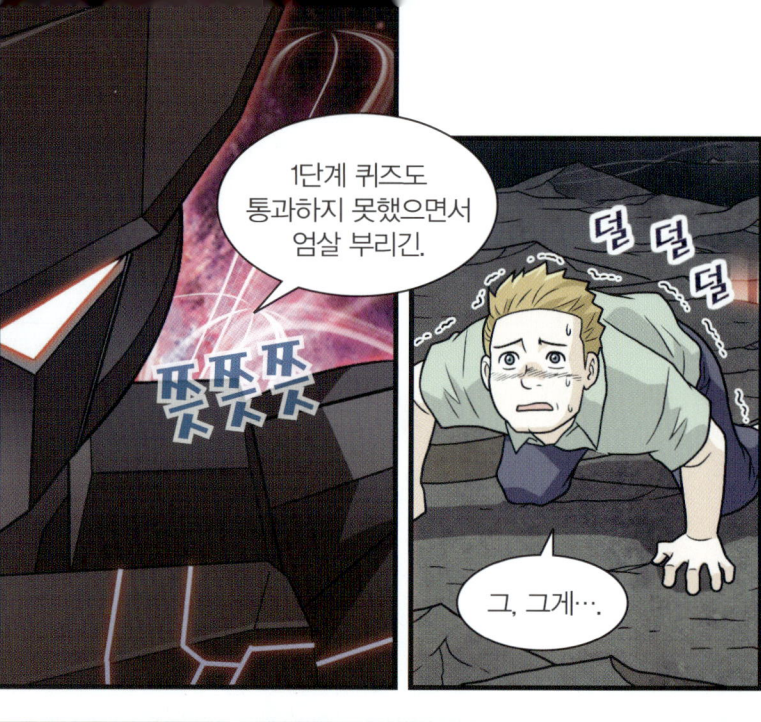

이곳은 이 엑스버그가 창조한 버그킹덤의 유비쿼터스다!

인간 세계에서는 꿈도 꿀 수 없는 최첨단 교통 시설이 설비되어 있고,

 만화 속 개념 — 초연결의 방에는 우리가 꿈꾸는 미래의 교통수단이 있어요. 무엇이 있는지 174쪽에서 알아봐요.

초연결의 방.
낮과 밤이 공존하고, 모든 사물이 연결되어 자동으로 움직인다.

5

모든 사물이 하나로 연결되어 기계 스스로 판단하고 움직이지.

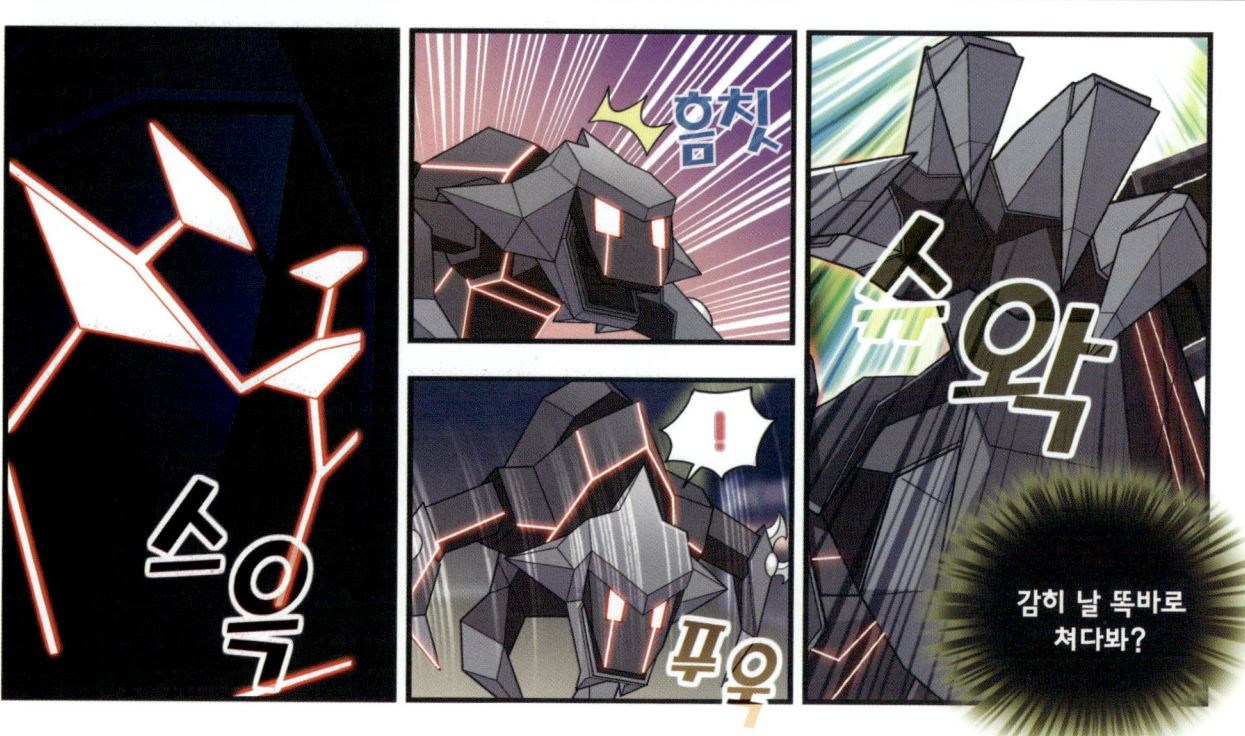

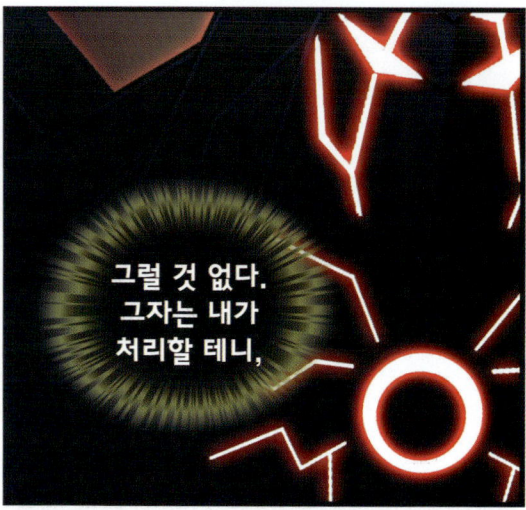

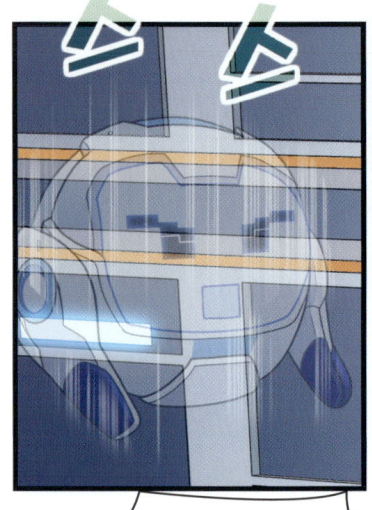

소리봇이라면 사람이 느낄 수 없는 음파와 진동까지 감지할 수 있어야 해요!

공기 입자
소리의 진행 방향
공기 입자의 진행 방향
소리봇

거기에 하나 더, 장거리 통신 장비도 개발하자!

척

인명 피해는 없나?

교신이 끊겨서 상황을 알 수 없습니다.

지난번, 서울역 사건 같은 일이 반복되면 안 되니깐!

그런 장비가 왜 필요하지?

만화 속 개념 172쪽에서 무선 통신 기술에 대해 자세히 알아봐요.

드디어 상급봇 개발을 성공한 강민과 디버깅.

모든 준비를 마쳤어!

코딩맨과 디버깅,
한 가지 목표를 향해 나아가다.

* 근전도 신호 센서: 신체의 움직임에 따라 근육에서 일어나는 전기적 신호를 감지하는 센서

만화 속 개념 의수, 의족의 힘을 빌려 살아가는 디버깅 요원들. 172쪽에서 사이보그에 대해 알아봐요.

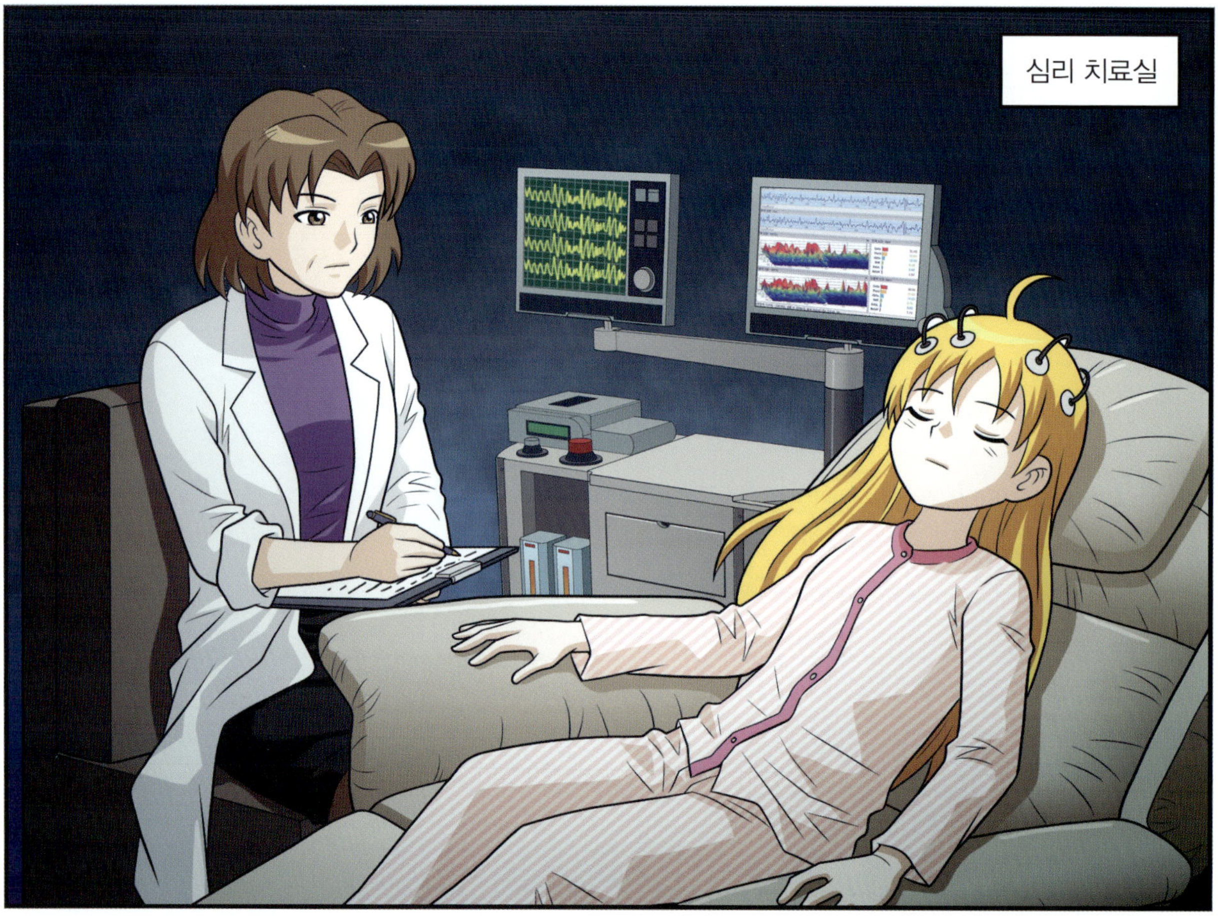

 **만화 속 개념** 무엇이 참이고 거짓인지 알아내는 것도 데이터, 즉 정보의 한 종류예요. 프로그래밍을 하려면 정확한 정보로 해야 한다는 사실, 잊지 마세요.

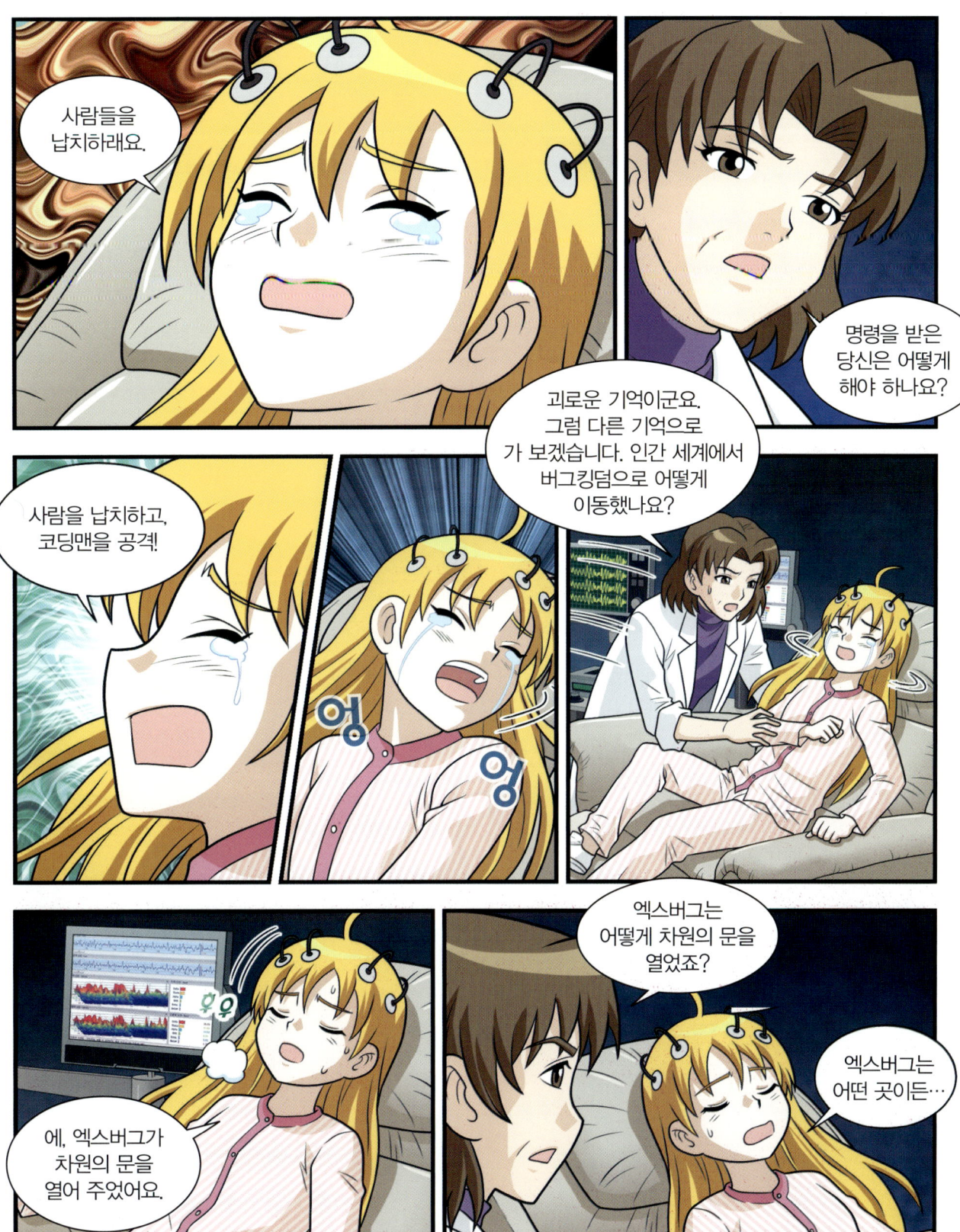

어떤 곳이든?

같은 곳으로…

꺄악!

박사님, 치료를 중단해 주세요! 예린이가 위험해요!

자… 이제, '셋'하면 당신은 돌아옵니다. 하나… 둘…

셋!

확

번쩍

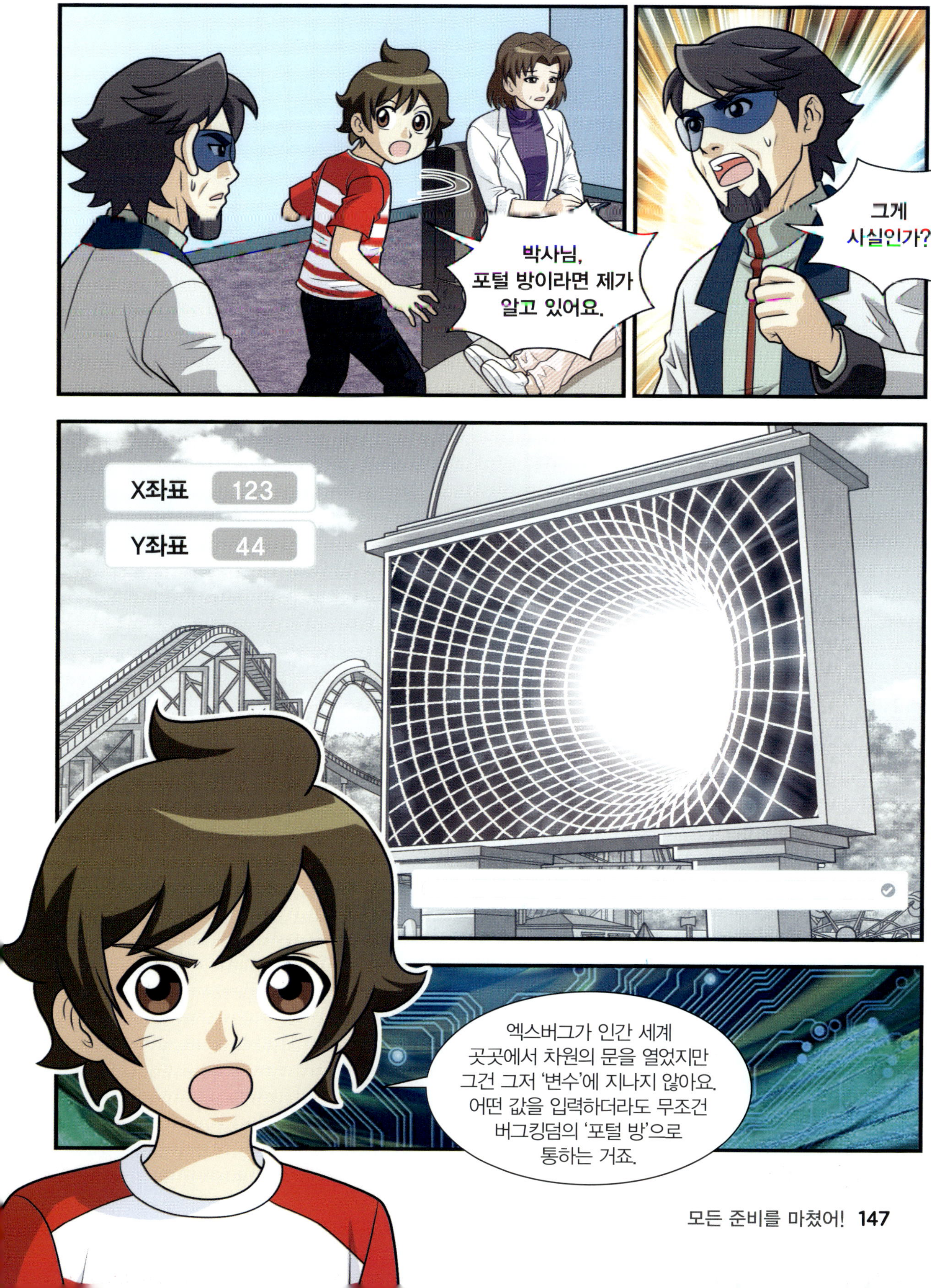

다시 말해 우리가 차원의 문만 열 수 있다면, 버그킹덤에 가는 건 시간 문제예요.
박사님, 우리가 맞았어요!
그동안의 고생이 헛된 것은 아니군.
설마 차원의 문을?
우리는 차원의 문을 열기 위해 버그가 출몰했던 모든 지역을 조사했었어.
하지만 매번 위치가 달라서 버그킹덤으로 갈 방법은 알아내지 못했지.

그래서 버그킹덤으로 갈 수 있는 포털을 설계하기 시작한 거야.

하지만 우리의 기술력으로는 부족해. 코딩맨의 능력이 필요하다네.

걱정 마세요. 디버깅의 기술력과 코딩맨의 코딩력을 이길 수 있는 건 없다고요!

모든 준비를 마쳤어!

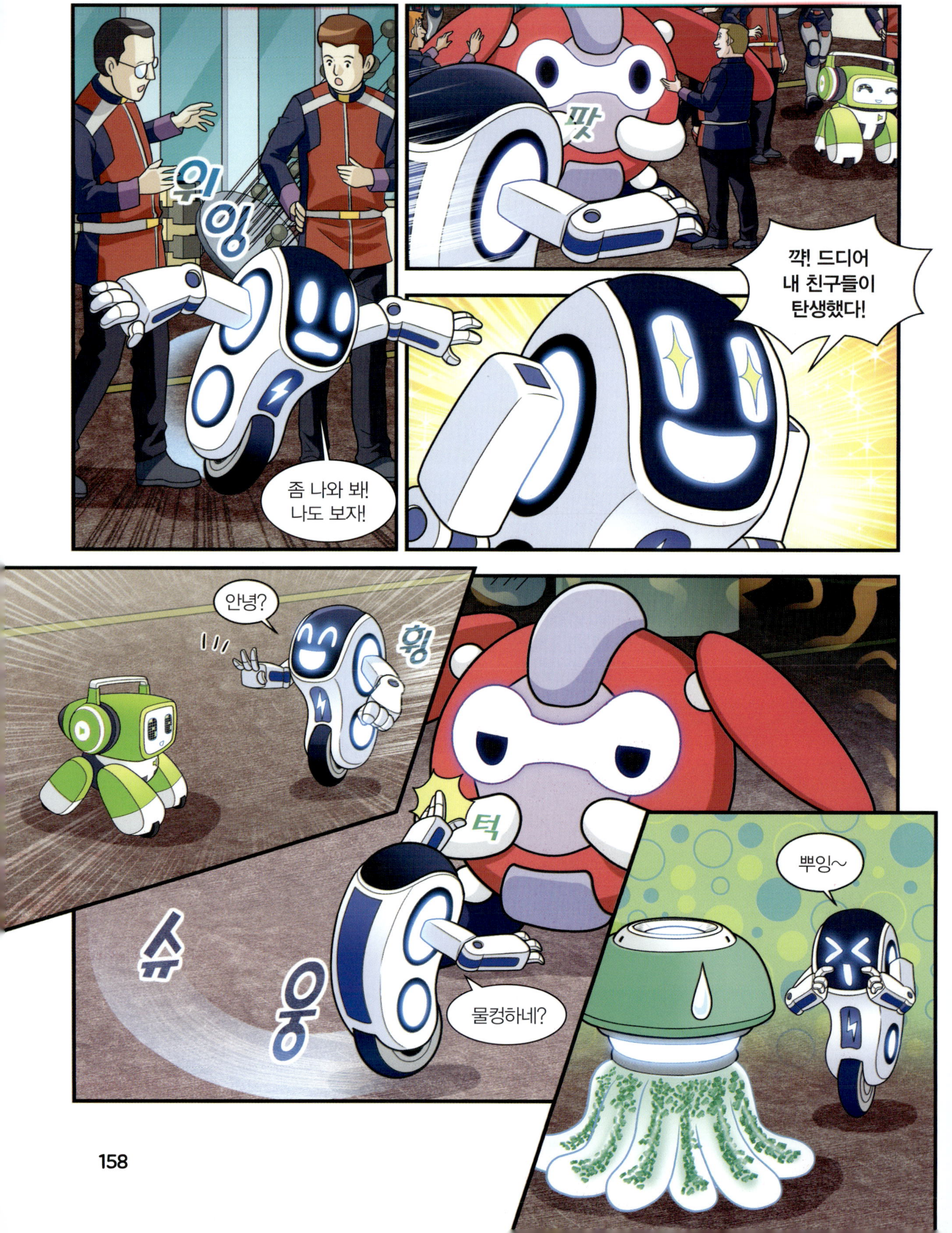
위잉
좀 나와 봐! 나도 보자!
팟
꺅! 드디어 내 친구들이 탄생했다!
안녕?
휭
턱
슈웅
물컹하네?
뿌잉~

하지만 아무것도 하지 않은 채 납치된 사람과 우리의 요원을 모르는 척할 수 없지 않은가?

지금부터 디버깅의 반격이 시작된다!

와아 와아 와아

뒷이야기

▶ 만화 속 개념 1

발전하는 인류

사이보그

뇌를 제외한 신체를 다른 기계 장치로 대체한 것을 사이보그라고 해요.

만화 속 디버깅 요원은 몸에 장착된 기계 장치를 자기의 뜻대로 움직일 수 있게 연습했습니다. 그런데 실제로 내 몸이 아닌 기계 장치를 생각대로 움직이는 것이 가능할까요?
사이보그의 핵심 기술은 몸에 기계를 붙여 사람의 생각대로 움직이는 것입니다. 근육에서 생긴 전기 신호나 뇌에서 보낸 '팔을 움직이고 싶다'라는 뇌파를 기계가 받아 작동하는 거지요.
현대 의학에서는 장애가 있거나 신체 기능의 노화로 인한 일상생활의 불편함을 해소하기 위해 이 기술을 사용합니다. 의수나 의족처럼요. 다만, 신경과의 연결은 매우 어렵기 때문에 의족은 비탈길 등 특수한 환경을 만나면 센서가 인식하여 발의 보조를 맞추게 하고, 의수는 뇌에 뇌파 감지기를 장착하여 환자의 생각대로 운동 명령이 가동되도록 설계하였습니다.
최근에는 의수로도 신발 끈을 묶는 정도의 정교한 움직임이 가능하고, 인조 피부 등을 이용해 외관상으로도 완벽을 추구하려고 한답니다. 로봇이 인간을 닮으려는 기계의 꿈이 있다면, 현재의 사이보그는 기계를 닮을 수밖에 없는 인간의 운명이기도 하지요. 어쩌면 미래에는 영화처럼 의료 목적이 아닌 인간의 힘을 더 강하게 하기 위해 사이보그가 되는 사람이 생길 수도 있지 않을까요?

무선 통신

버그킹덤과 디버깅에서 가장 많이 사용하는 기술 중 하나는 무선 통신 기술입니다. 너무나 흔하게 사용하고 있어 인지하지 못하고 있었던 무선 통신에 대해 알아봅시다.

사이보그
무선 통신
블루투스

무선 통신 장비는 레이카처럼 귀에 꽂거나 휴대폰 같이 작은 기기로 만들어 사용하면 더 편리하답니다.

블루투스

전자 장비 간의 짧은 거리에서 사용하는 무선 통신 기술 중 '마우스, 키보드, 스마트폰, 스피커 등의 연결'이라고 하면 무엇이 떠오르나요? 바로 여러분이 많이 사용하는 블루투스를 떠올릴 수 있을 거예요. 휴대기기를 서로 연결해 편리하게 정보를 교환할 수 있게 하는 블루투스(Bluetooth)는 10세기 스칸디나비아 국가인 덴마크와 노르웨이를 통일했던 헤럴드 블루투스 곰슨(Harald Bluetooth Gormsson)의 이름에서 유래되었습니다. 여기에는 그가 스칸디나비아 국가들을 통일한 것처럼 서로 다른 통신 장치들을 하나의 무선 통신 규격으로 통일한다는 뜻이 담겨 있는데, 다른 한편에서는 헤럴드 블루투스 곰슨이 전투 중 치아를 다쳐 파란색 의치를 해 넣었기 때문이라는 설도 있고, 블루베리를 워낙 좋아해서 항상 치아가 푸르게 물들어 있었기 때문이라는 재미있는 이야기도 있답니다.

코딩 상식

• **위치 추적되는 스마트 교복, 인권 침해 논란!** •

중국에서 첨단 기술을 적용한 '스마트 교복'이 학생들의 인권을 침해한다는 논란이 일고 있습니다. 2016년 처음 등장한 스마트 교복은 어깨에 부착된 전자칩으로 학생의 위치 정보를 수집하고, 이를 학부모의 스마트폰으로 전송하지요.
스마트 교복 제조사에 따르면, 학생이 수업 중 잠이 들거나 수업을 빼먹었을 때 자동으로 알림이 울리는 기능도 도입될 거라고 합니다. 하지만 이를 두고 중국에서는 학생의 일거수일투족을 감시하게 될 것이라는 우려가 커지고 있습니다. 교복 제조사는 이 같은 논란에 학교와 학부모가 자율적으로 판단해 교복을 선택하고 있기에 문제가 아니라고 하는데, 만약 여러분이 스마트 교복을 착용한다면 어떤 생각이 들 것 같나요?

만화 속 개념 2
미래의 교통수단

버그킹덤 초연결의 방.
우리가 상상하는 미래는 이런
모습이 아닐까요?

라이트 형제가 비행기를 만들어 처음 하늘을 난 지 100여 년이 지난 지금 우리는 하늘뿐만 아니라 우주까지 탐험하는 시대에 살고 있습니다. 과학의 발전은 영화에서나 가능했던 놀라운 상상을 하나씩 현실로 만들어 주고 있지요. 특히 미래에는 지금의 교통수단에서 벗어나 조금 더 자유롭고 시간을 절약할 수 있는 획기적이고 놀라운 교통수단들이 등장할 것으로 기대되고 있습니다.
시간은 절약하며, 꽉 막힌 도로를 벗어나 자유롭게 이동할 수 있는 미래의 교통수단에는 무엇이 있는지 알아봅시다.

제트 슈트

우리도 코딩맨처럼 하늘을 날
수 있어요.

제트 슈트를 만든 과정

플라잉 제트 슈트를 착용한
사람의 모습

여러분이 코딩맨 슈트를 입고 하늘을 나는 상상을 해 보세요. 마치 꿈같지 않나요? 머지않아 곧 우리도 코딩맨처럼 하늘을 나는 플라잉 제트 슈트를 입을 수 있게 될 것입니다.
플라잉 제트 슈트인 그라비티(Gravity)는 영국의 발명가 리처드 브라우닝(Richard Browning)이 발명한 것을 기초로 하여 실제로 공중에 떠서 비행할 수 있게 만든 제품이에요. 영화 〈아이언맨〉에서 철갑 슈트를 입고 하늘을 날아다니는 주인공 토니 스타크처럼요. 그라비티는 하중을 분산시키고, 중력을 무시한 채로 공중에 떠서 사용자의 의지에 따라 방향을 자유자재로 조정할 수 있다고 합니다. 실제 영국의 백화점에서는 판매도 했다고 하는데, 당시 이 제품의 금액은 446,000달러(약 5억 원)로 일반인이 구매하기에는 높은 가격이었지요. 하지만 기술의 발전에 따라 제트 슈트가 상용화된다면 가격도 낮아지고, 사용 방법도 간단해지지 않을까요? 과학 기술의 발전은 우리의 상상을 현실로 실현시켜 줄 거예요.

| 제트 슈트 |
| 초고속 진공 열차 |

| 초고속 진공 열차 |

초고속 진공 열차, 하이퍼루프를 소개하는 언론 기관

차세대 이동 수단으로 꼽히는 하이퍼루프(Hyperloop)는 교통량이 많은 도시에 혁명을 일으킬 미래의 교통수단으로 주목받고 있습니다. 테슬라 모터스와 민간 우주 업체 스페이스X의 사업가로 잘 알려진 일론 머스크가 고안한 이 초고속 열차는 일종의 열차 총(Rail Gun) 개념으로 만들어졌습니다. 진공 상태와 다를 바 없는 튜브 속에서 열차를 한 량씩 발사하는 형식으로 가동하지요. 공기의 저항이 없기 때문에 최고 시속은 약 1,220킬로미터, 이는 차로 여섯 시간이나 걸리는 샌프란시스코와 로스앤젤레스를 30분 만에, 서울과 부산 사이를 20분 만에 이동할 수 있는 속도랍니다. 세계 여러 나라에서 하이퍼루프 기술을 개발하고 있는데요. 우리나라 역시 한국철도기술연구원, 한국기계연구원, 울산과학기술원(UNIST) 등이 관련 연구에 나서고 있으며, 유니스트는 하이퍼루프의 핵심 기술인 '열차 부상 및 추진' 기술을 개발하고 있습니다.

| 코딩 상식 |

• 40초 만에 비행 모드로 전환하는 자동차! •

하늘을 나는 자동차가 미국에서 예약 판매에 들어갑니다.
항공 자동차 전문 업체인 테라퓨지아는 2인승 자동차 겸 경비행기 '트랜지션'의 예약 주문을 진행하는데, 구매 고객은 다음 해에 제품을 받을 수 있다고 합니다. 40초 만에 도로 주행 상태에서 비행 모드로 전환할 수 있고, 최고 시속은 도로에서 113킬로미터, 하늘에서 160킬로미터 정도 됩니다. 이 트랜지션을 운행하려면 자동차 운전면허는 물론 조종사 자격증도 갖춰야 한다니 앞으로는 조종사 자격증도 일반화되지 않을까요?

▲ 나는 자동차

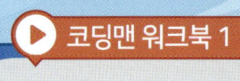

코딩맨 워크북 1
확장 블록 알아보기

엔트리에는 날씨를 알아보거나, 영어를 한국어로 번역해 주고, 문장을 소리 내서 읽어 주는 기능도 있어요. 이런 기능은 확장 블록을 이용하는데요. 어떤 기능이 있는지 함께 알아볼까요?

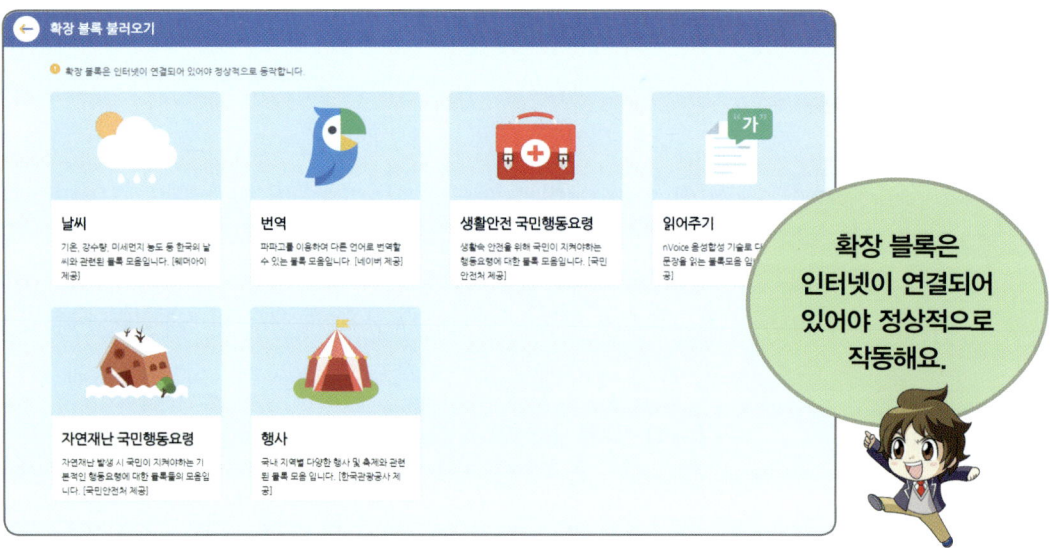

확장 블록은 인터넷이 연결되어 있어야 정상적으로 작동해요.

❶ '확장' 블록 꾸러미에서 '확장 블록 불러오기'를 클릭하면 어떤 확장 블록들이 있는지 볼 수 있어요.

❷ 다음을 차례대로 클릭해 봅시다. 그리고 '확장 블록' 꾸러미에 어떤 블록이 생겼는지 말해 보세요.

코딩맨 워크북 2

함수 만들기

함수는 여러 개의 블록을 이용해 나만의 블록을 만드는 것이에요. 어떻게 하면 나만의 블록을 만들 수 있는지 따라해 봅시다.

❶ '함수' 꾸러미에서 '함수 만들기'를 클릭해요.

❷ '함수 만들기'를 클릭하면 함수를 만들 수 있는 창이 됩니다. 아래와 같이 함수를 만들어 보세요.

⑴ '문자/숫자값' 블록 추가하기
⑵ 블록 이름 입력하기
⑶ '문자/숫자값' 블록 추가하기
⑷ '이름' 블록 추가하고 이름 입력하기

❸ 함수를 정의해 볼까요? 만약 이 블록을 설정하면 함수를 사용하는 모든 값에 적용할 수 있어요.

❹ 함수를 이용하여 말한 다음 회전하는 코드를 만들어 봅시다.

코딩맨 워크북 3
변수 코드 만들기

엑스버그는 변수를 이용해 인간 세계에서 어디서든 차원의 문을 만들었어요. 우리도 엑스버그처럼 여러 값으로 변할 수 있는 변수 코드를 만들어 봅시다.

1 '속성' 탭 변수에서 '변수 추가하기'를 클릭하여, 변수 블록을 만들어요.

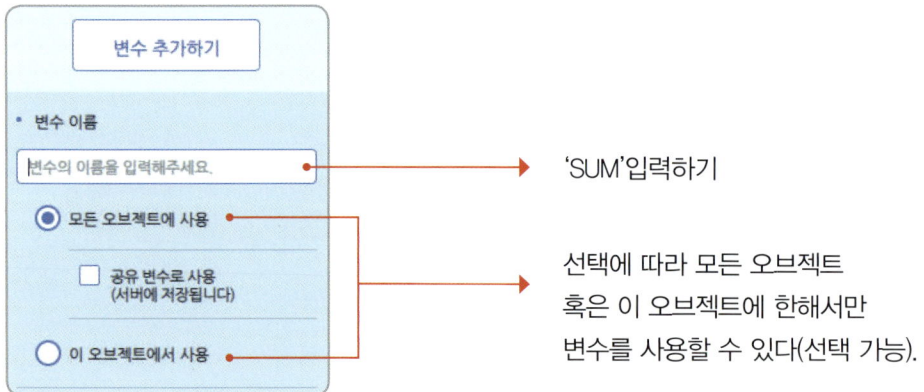

2 계산 블록을 이용하여 숫자가 '1씩' 커지는 코드를 만들어 보세요.

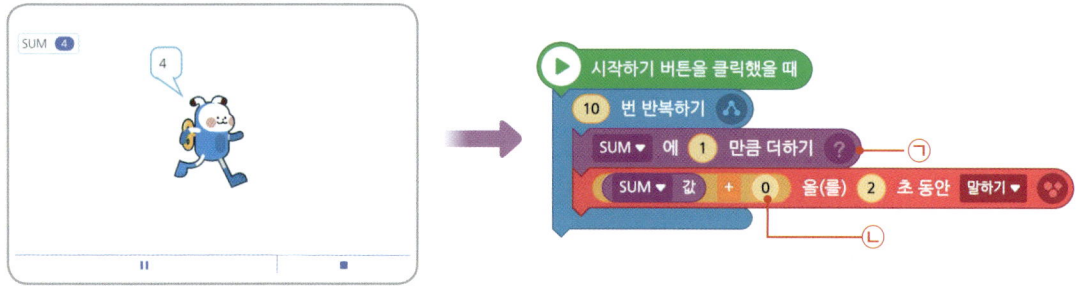

(1) ㉠에 [SUM을 0으로 정하기] 블록을 넣어 보세요. 변수는 어떻게 바뀌나요?

(2) ㉡의 '0'대신 숫자 '1'을 입력해 보세요. 엔트리봇 말풍선과 변수의 숫자를 비교해 봅시다.

코딩맨 워크북 4

로봇 분해하기

강민은 분해된 로봇 껍질을 보고 상급봇이 하드웨어를 만들었어요. 아래 완성된 로봇은 어떤 도형들을 합쳐서 만든 것일까요? 로봇을 분해하여 사용한 도형을 모두 그려 봅시다.

정답 및 해설

176쪽

1. 생략

2. ① 확장 기능의 '날씨'는 서울, 인천, 경기 등 전국의 날씨와 미세 먼지 농도, 기온 등의 정보를 알 수 있는 블록이 있습니다.
② 확장 기능의 '번역'은 한국어를 영어, 일본어, 중국어, 에스파냐어 등으로 번역할 수 있으며, 반대로도 번역할 수 있는 블록이 있습니다.
③ 확장 기능의 '읽어주기'는 텍스트를 여성, 남성, 친절한 등 여러 가지 목소리로 읽어 주는 블록이 있습니다.

177쪽

1~3. 생략

4. 예)

178쪽

1. 생략

2. (1) SUM 변수를 0으로 정하면 말풍선과 변수는 설정한 값에서 움직이지 않습니다.

→

(2) SUM 변수를 1만큼 바꾸기로 하면 변수는 1씩 커지고, 오브젝트는 '변수+1'이므로 변수보다 숫자 1만큼 더 큰 숫자를 말합니다.

→

179쪽

▲ : 1개   ● : 4개   ■ : 4개
⬟ : 2개   ■ : 14개

움직임봇이 알립니다

코딩맨 8권에 등장하는 상급봇을 보았나요? 각각 엔트리 블록의 특성이 있는 로봇이니 앞으로의 활약도 기대해 주세요! 또한 **사이보그**, **무선 통신**, **미래의 교통수단**에 대해서도 다시 복습해 봅시다!

엔트리 실행 카드 8-1
멜로디 만들기
건반 모양을 누르면 '도, 레, 미, 파, 솔, 라, 시, 도'에서 '도'까지 음을 연주할 수 있어.

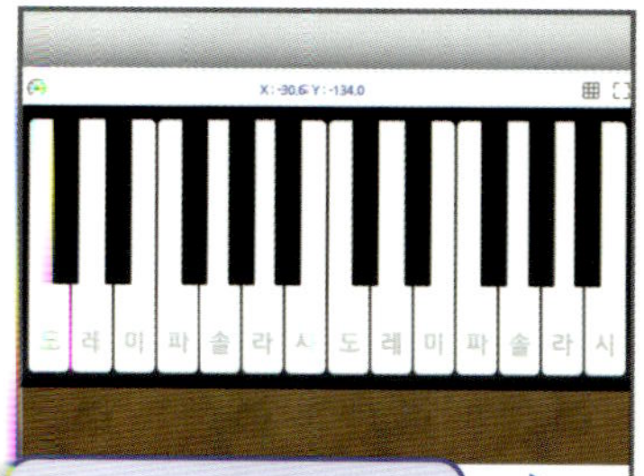

엔트리 실행 카드 8-2
붓 블록으로 그림 그리기
붓 블록으로 자유롭게 그림을 그려 봐!

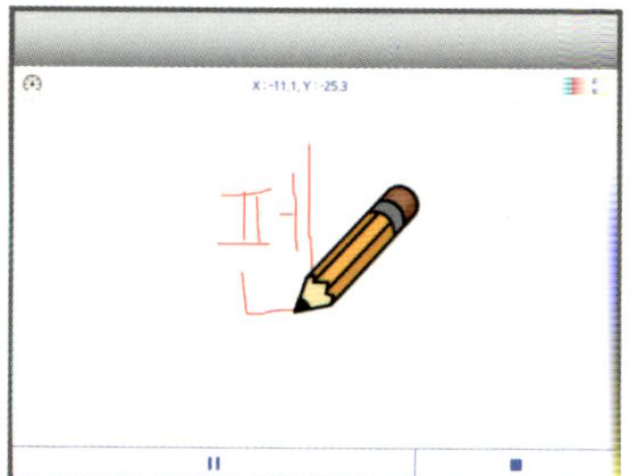

엔트리 실행 카드 8-3
조건에 맞을 때까지 반복하기
'만일 ~이라면' 블록과 '계속 반복하기' 블록을 이용하면 조건에 맞을 때까지 반복할 수 있어.

엔트리 실행 카드 8-4
새로운 명령 블록 만들기
함수 기능을 이용해서 내가 원하는 새로운 명령 블록을 만들 수 있어!

엔트리 실행 카드 8-5
변수 알기
여러 가지 값으로 변할 수 있는 것을 '변수'라고 해.

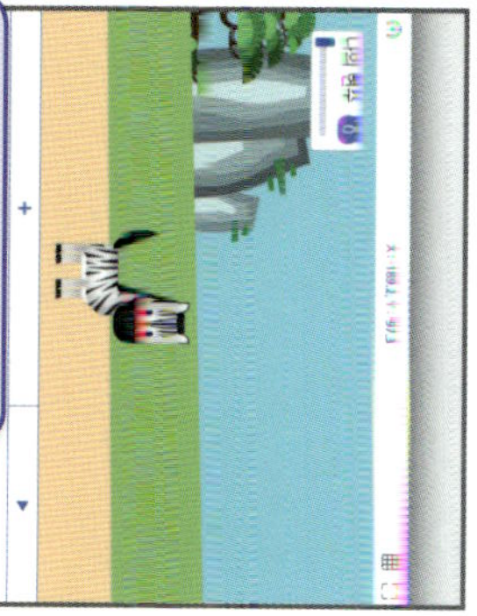

엔트리 실행 카드 8-6
오브젝트 거리 감지하기
오브젝트끼리 거리를 감지하는 코드를 만들어 보자고!

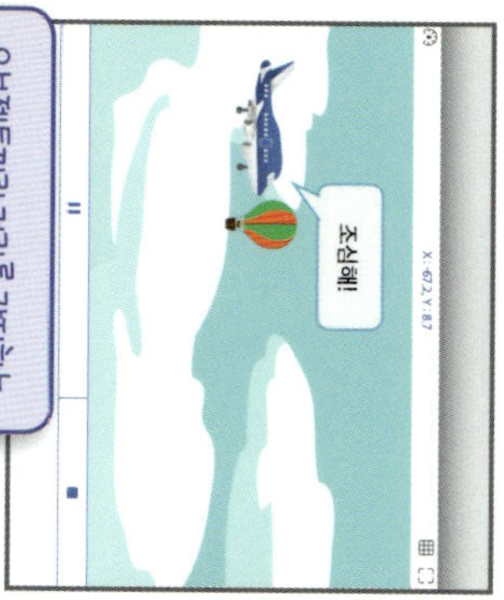

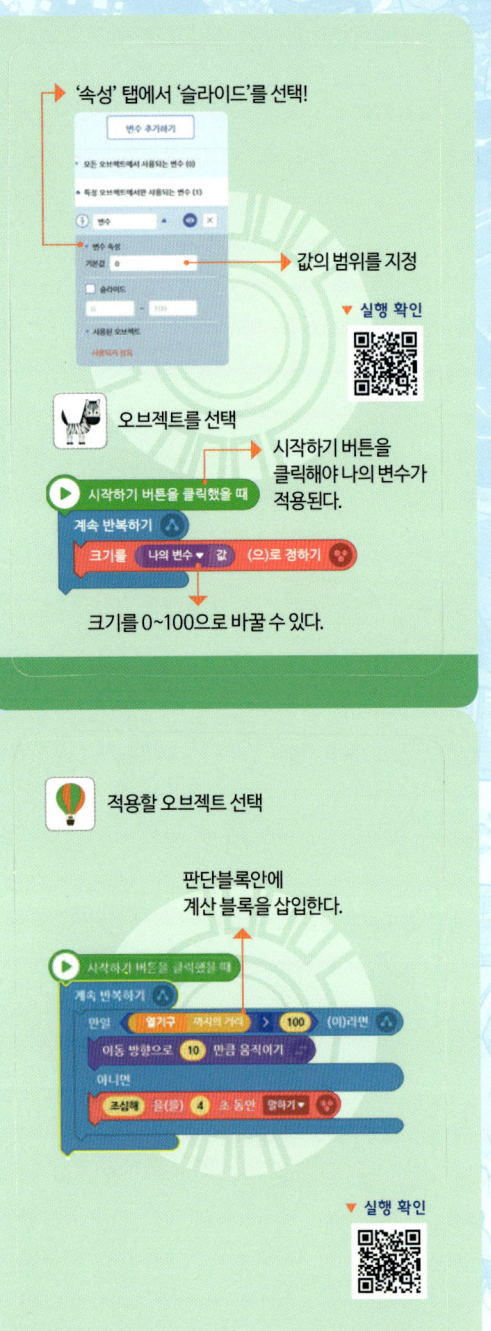
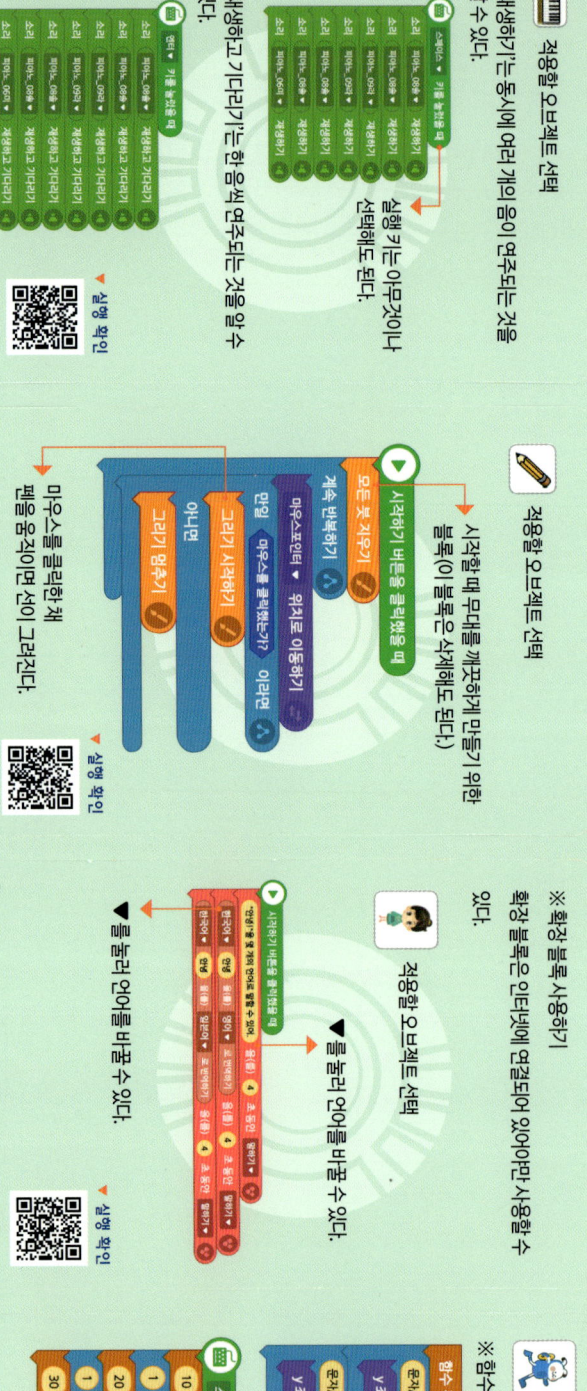